# MÉMOIRE

## SUR LA NÉCESSITÉ

# DE MODIFIER LA LOI FORESTIÈRE

## Du 6 Juillet 1870

### ANNEXE DE LA PÉTITION

PRÉSENTÉE A LA CHAMBRE DES DÉPUTÉS, EN JUILLET 1881

PAR 5629 ÉLECTEURS DU VAR

### PAR LE D^R E. VIDAL

Secrétaire général de la Société forestière des Maures et du Comité d'initiative.

HYERES

TYPOGRAPHIE ET LITHOGRAPHIE H. SOUCHON

# MÉMOIRE

## SUR LA NÉCESSITÉ

## DE MODIFIER LA LOI FORESTIÈRE

### Du 6 Juillet 1870

## ANNEXE DE LA PÉTITION

PRÉSENTÉE A LA CHAMBRE DES DÉPUTÉS, EN JUILLET 1881

PAR 5629 ÉLECTEURS DU VAR

### PAR LE D<sup>R</sup> E. VIDAL

Secrétaire général de la Société forestière des Maures et du Comité d'initiative.

HYERES

TYPOGRAPHIE ET LITHOGRAPHIE H. SOUCHON

## Messieurs les Sénateurs,
## Messieurs les Députés,

Dix années d'infructueux essais ont assez démontré l'insuffisance du titre IV de la loi forestière du 6 juillet 1870, qui nous régit, pour que nous ayons cru devoir reprendre la défense de nos intérêts et élever de nouveau la voix en faveur de nos droits si longtemps méconnus. Les principaux résultats de la grande *Agitation* provoquée en 1869 par les soins de M. Charles Ribbe ainsi que de notre Société forestière se font toujours attendre, et la question des incendies dans le massif des Maures et de l'Estérel ne sera complètement résolue que par la rapide exécution des routes forestières, dont le principe a été si solennellement reconnu, non-seulement dans le rapport de M. Faré, commissaire enquêteur, mais encore dans le texte même de la loi.

Au moment où, après avoir été l'objet d'un pétitionnement général, la nécessité de la révision du Titre IV a été admise en principe, au moment où notre demande a été renvoyée, avec avis favorable, par la Chambre des Députés, au ministère de l'agriculture et du commerce (1), vous nous saurez peut-être bon gré d'avoir rassemblé dans ce Mémoire les principaux documents pouvant éclairer vos convictions et vous permettre de prendre part, en pleine connaissance

---

(1) Voir à la dernière page, l'annexe au Feuilleton du 28 juillet 1880, n° 480, de la Chambre des Députés.

de cause, à la discussion qui ne peut manquer d'avoir lieu sur ce grave sujet, soit au Sénat, soit à la Chambre des Députés.

Nous jetterons d'abord un coup d'œil sur le passé, nous décrirons ensuite la situation actuelle, nous terminerons enfin par l'exposé des mesures qui, nous paraissent devoir être adoptées dans le but de sauvegarder l'avenir.

La région des Maures et de l'Estérel s'étend administrativement depuis La Garde près Toulon, jusqu'au bassin de la Siagne; elle comprend officiellement 39 communes réparties ainsi qu'il suit :

Arrondissement de Toulon. . . 9
— de Brignoles . . 2
— de Draguignan . 26
— de Grasse. . . 2
                                                    39

Voici leurs noms avec le chiffre de leur population :

*Arrondissement de Toulon.*

La Garde. . . . . 2,986
Hyères. . . . . . 12,209
La Crau . . . . . 2,745
Cuers . . . . . 4,158
Puget-Ville . . . . 2,387
Pierrefeu . . . . 1,887
Collobrières. . . . 2,487
Bormes . . . . . 2,126
Carnoules . . . . 1,555

*Arrondissement de Brignoles.*

Pignans . . . . . 2,447
Gonfaron . . . . 2,339

*Arrondissement de Draguignan.*

| | |
|---|---:|
| Les Arcs. . . . . | 2,993 |
| Le Muy . . . . . | 2,711 |
| Roquebrune. . . . | 2,030 |
| Le Puget. . . . . | 857 |
| Fréjus . . . . . | 3,478 |
| Saint-Raphaël . . . | 1,508 |
| Bagnols . . . . . | 971 |
| Saint-Paul . . . . | 554 |
| Fayence. . . . . | 1,810 |
| Callian. . . . . | 1,303 |
| Montauroux. . . . | 1,420 |
| Tanneron . . . . | 839 |
| Les Adrets . . . . | 363 |
| La Môle. . . . . | 368 |
| Cogolin . . . . . | 1,985 |
| Gassin. . . . . | 804 |
| Ramatuelle . . . . | 684 |
| Saint-Tropez. . . . | 3,531 |
| Grimaud. . . . . | 1,117 |
| Sainte-Maxime . . . | 982 |
| Plan de la Tour, . . | 1,506 |
| La Garde-Freinet . . | 1,651 |
| Les Mayons. . . . | 533 |
| Le Luc . . . . . | 3,526 |
| Canet du Luc. . . . | 1,104 |
| Vidauban. . . . . | 3,132 |

*Arrondissement de Grasse.*

| | |
|---|---:|
| Mandelieu . . . . | 423 |
| Pégomas. . . . . | 571 |

Le total de la population de la région officielle des Maures et de l'Estérel est donc environ de 81,000 habitants, répartis sur 180,000 hectares. A peine un habitant pour deux hectares ! Dans ces 180,000 hectares de surface totale, les forêts entrent pour une superficie de 111,000 hectares environ, dont

    82,000 appartiennent aux particuliers.
    21,000 aux communes,
      8,000 à l'Etat.
    ―――――
    111,000

La zone réellement forestière est donc la plus grande ; elle est de beaucoup la moins peuplée, et si nous défalquons du nombre total de la population, celle des communes situées dans la grande vallée déboisée qui s'étend, en se biffurquant de Toulon à Hyères et de Toulon à Fréjus, nous ne trouvons plus que de 30 à 32,000 âmes, soit un habitant pour près de 4 hectares !

Et encore, si tous ces bois étaient en pleine valeur, s'ils donnaient le rendement qui leur serait très-certainement assuré avant peu d'années par un réseau de routes forestières sagement construit, il n'y aurait certainement que demi-mal ; mais que d'espaces perdus, par suite des incendies qui les ont dévastés périodiquement depuis des siècles, et dans lesquels les bruyères et autres morts-bois ont pris victorieusement la place des arbres de haute futaie ! Les pins eux-mêmes, ont fini par disparaître de cette terre inhospitalière, et c'est à peine si de loin en loin quelques représentants rabougris des splendides forêts qui jadis s'élançaient orgueilleusement vers le ciel, sont là pour protester contre l'incurie de ceux qui les ont laissé détruire. Le feu a fait sa proie de ces géants séculaires employés par Colbert pour réparer les flottes de Louis XIV ; d'inutiles broussailles recouvrent de leurs inextricables fourrés des terres dans lesquelles nul arbre ne peut plus végéter faute d'air ou de soleil, et si l'Etat n'y prend garde, on sera plus tard obligé d'appliquer à certaines parties des Maures, les coûteux procédés de reboisement actuellement essayés sur les flancs dénudés des Alpes et du Faron.

. A côte de ces espaces ruinés par un fléau dévastateur, et, en général, non loin des centres de population, il en existe d'autres malheureusement créés par la main de l'homme. Les habitants des Maures ayant observé la remarquable fécondité du sol dans les forêts incendiées, prirent peu à peu la funeste habitude des cultures temporaires. Il fallait aller souvent chercher les terrains des *esclades* bien loin ; n'était-il pas plus commode de brûler méthodiquement des forêts sans valeur ? Il resterait toujours assez de pins pour rebatir les chaumières et de chênes-liége pour faire du charbon ; ne valait-il pas mieux les employer à féconder les terres et remplir les greniers par d'abondantes moissons ? Ainsi raisonnaient nos aïeux lorsqu'ils inventaient les essarts, les brûlades, les taillades et autres moyens de se ruiner.

Préoccupés, avant toute chose, des besoins du présent nos ancêtres n'y regardaient pas de si près ; quand un versant s'était graduellement dépouillé de toute la terre végétale, quand toute la couche d'humus composée des débris forestiers accumulés depuis des siècles, avait pris le chemin de la rivière, quand leur charrue venait impuissante se heurter contre l'ossature des roches granitiques, ils allaient chercher fortune un peu plus loin et laissaient à leurs troupeaux de chèvres le soin d'empêcher la reconstitution des forêts.

Et cependant, ce tableau désolant n'est pas complet, car il arrivait bien souvent que les feux allumés pendant la saison chaude, en vue des cultures de l'hiver, devenaient, avec le puissant concours du mistral, la cause de ces immenses conflagrations dont les traces indélébiles persistaient pendant de longues années, après avoir semé la ruine et l'épouvante sur tout leur parcours. Leur souvenir se transmettait de génération en génération, et il ne faut pas remonter bien haut pour trouver une de ces *esclades* qui, partie des confins de la commune de Collobrières, ne s'est arrêtée qu'au rivage de la mer.

Si le massif forestier n'a pas disparu tout entier à la suite de ces coupables et inintelligentes pratiques, c'est que très-heureusement il était presque complètement inhabité.

Ces procédés indignes d'un peuple civilisé, analogues à ceux encore employés par les Arabes ou par les bergers des îles de la Grèce, persistaient encore il y a quelques années; cependant, l'extension que prenait le commerce des écorces du liége en rendait l'application plus restreinte. Tout le monde comprenait plus ou moins la nécessité d'une législation plus tutélaire, plus appropriée aux véritables intérêts de la Région, et il se manifestait un mouvement sérieux dans l'opinion publique, lorsque M. Charles de Ribbe fit paraître son livre sur les incendies des Maures. L'idée d'une transformation dans les habitudes locales fit rapidement son chemin, et une Société forestière, composée d'hommes aussi énergiques que désintéressés, ne tarda pas à se former. Un de ses premiers actes de celle-ci fut de demander une enquête au gouvernement.

Cette enquête, rapidement et intelligemment conduite, en 1869, par M. Faré, directeur général des forêts, recueillit les dires de près de cent quarante déposants ; — elle aboutit à la promulgation de la loi du 6 juillet 1870, qui distrait provisoirement la région des Maures et de l'Estérel de la loi commune française, mais dont les effets sont encore bien incomplets, ainsi que nous le démontrerons dans la suite de ce mémoire.

Pour vous éviter, Messieurs, des recherches toujours fastidieuses et pour vous permetre de nous suivre dans le cours de cette discussion, nous croyons utile de reproduire *in-extenso* le texte de la loi d'exception qui nous régit actuellement :

## LOI

**Relative aux mesures à prendre contre les incendies dans la région boisée des Maures et de l'Estérel**

Titre Iᵉʳ. — *Dispositions générales.*

Article Premier. — La région boisée des Maures et de l'Estérel, comprenant les communes et portions de communes figurées par une teinte rose au plan ci-annexé, sera soumise, pendant un délai de vingt ans, aux dispositions de la présente loi.

Titre II. — *Police et réglementation de l'emploi du feu dans la région des incendies.*

Art. 2. — Le Préfet détermine, par des arrêtés pris sur l'avis conforme du Conseil général, le Conservateur des forêts entendu, les époques pendant lesquelles l'emploi du feu est interdit aux propriétaires et aux tiers, même pour les exploitations forestières et agricoles usitées sous les dénominations d'*écobuages, taillades, issards* et *petit feu*, dans l'intérieur et à moins de deux cents mètres de tous bois, forêts ou landes peuplées de morts-bois.

Art. 3. — En dehors des périodes d'interdiction, l'emploi du petit feu, pour le nettoiement des bois, forêts et landes peuplées de morts-bois qui sont séparés par des tranchées de protection, est autorisé, quelle que soit la distance de la propriété voisine, sous la réserve, en cas d'incendie produit par ledit feu, des peines portées par l'art. 458 du Code pénal et de tous dommages-intérêts, s'il y a lieu. Dans les autres cas, les dispositions de l'art. 148 du Code forestier sont maintenues.

Art. 4 — Les arrêtés préfectoraux seront publiés et affichés dans chaque commune, au moins quinze jours avant l'époque fixée pour l'interdiction des feux.

Art. 5. — Toute infraction à ces arrêtés, donnera lieu contre les contrevenants, à une amende de 20 à 500 francs et à la responsabilité prévue par l'article 200 du Code forestier, en ce qui concerne les maris, pères, mères, tuteurs et en général tous maîtres et commettants.

Art. 6. — Indépendamment de tous officiers de police judiciaire chargés de rechercher et de constater les délits ruraux, les gardes forestiers domaniaux et communaux pourront rechercher et constater, dans tous les bois et forêts des particuliers, les délits prévus par la présente loi.

Art. 7. — Les procès-verbaux dressés par les préposés forestiers, en exécution de l'art. 6 ci-dessus, seront après l'accomplissement des formalités prescrites par le Code forestier, transmis par l'Inspecteur des forêts, dans le délai de vingt jours, à dater de l'affirmation, au Procureur de la République, qui seul exerce les poursuites.

Titre III. — *Tranchées de protection.*

Art. 8. — Tout propriétaire d'un terrain en nature de bois, forêt ou lande peuplée de morts-bois, qui ne serait pas entièrement débroussaillé, pourra être contraint, par le propriétaire d'un terrain limitrophe de même nature, à l'ouverture et l'entretien pour sa part, sur la limite des deux fonds contigus, d'une tranchée débarrassée des essences résineuses et maintenue en parfait état de débroussaillement. La largeur de cette tranchée, établie par moitié sur chacun des fonds limitrophes, pourra varier de 25 à 50 mètres. Dans ces limites, elle sera fixée d'accord entre les parties intéressés, et, en cas de désaccord, par le Préfet, le Conservateur des forêts entendu.

Art. 9. — Les actions concernant l'ouverture et l'entretien des tranchées de protection seront exercées, instruites et jugées comme les actions de bornage.

Titre IV. — *Réseau spécial des routes.*

Art. 10. — Une subvention égale à la moitié des dépenses des travaux et qui ne pourra dans tous les cas excéder 600,000 fr., sera accordée sur les crédits ouverts au budget extraordinaire du Ministère des finances, pour la construction d'un réseau de routes de protection à établir dans la région des Maures et de l'Estérel.

La subvention de l'Etat sera acquise seulement après que le réseau de ces routes régulièrement classées aura été approuvé par un décret, rendu en Conseil d'Etat, qui déterminera le mode et les termes de paiement de la subvention.

Art. 11. — Les dispositions des lois et règlements relatifs aux chemins vicinaux d'intérêt commun sont applicables au réseau de routes mentionné à l'article précédent.

En général, les trois premiers titres de la nouvelle loi, 1° *Dispositions générales;* 2° *Police;* 3° *Tranchées de protection*, ont répondu à l'attente du législateur; ils ont profondément modifié les habitudes désastreuses de nos populations, ils ont substitué une règle prévoyante, au droit arbitraire qu'avait tout propriétaire, d'allumer des feux à 200 mètres dans l'intérieur de sa forêt (art. 148 du code forestier), ils ont institué des brigades de surveillance pour les feux de l'été, ils ont créé tout un réseau de tranchées garde-feu qui permet l'isolement des héritages ; ils ont, en un mot, diminué dans une proportion très-notable, les chances du retour de ces immenses conflagrations dont nous avons été jadis si souvent les témoins impuissants. Cependant à diverses reprises, et cette année surtout, de sinistres lueurs sont encore revenues éclairer l'horizon. Près de 15,000 hectares ont été dévorés en onze ans (1).

C'est une perte sèche de plus de trois millions de francs qu'on aurait pu diminuer de beaucoup, si les sages prescriptions contenues dans le titre III avaient été plus rigoureusement exécutées, et si le système des tranchées garde-feu préconisé par M. Vincent, inspecteur des forêts, avait été appliqué dans l'intérieur des propriétés.

Quoi qu'il en soit, les résultats fournis par les titres II et III sont assez significatifs, comparativement à ceux obtenus par le régime antérieur, pour que le Gouvernement ait jugé convenable d'en ordonner l'application aux massifs forestiers de l'Algérie.

Toute cette première partie de la loi du 6 juillet 1870 est donc excellente, et il serait certainement bien imprudent de vouloir la modifier, si ce n'est pour la compléter en rendant obligatoires pour tous les propriétaires, les tranchées de protection dont il est question dans l'article 8.

Il n'en est pas malheureusement de même du titre IV, intitulé : *Réseau spécial des routes*, sur lequel près de six mille pétitionnaires du Var viennent d'appeler la bienveillante attention de la Chambre des Députés.

(1) Ces incendies peuvent se répartir ainsi qu'il suit :

| | |
|---|---|
| Dans les forêts domaniales. . . . . . | 1,820 hectares. |
| dont 1,700 hectares dans l'Estérel. . | |
| Dans les forêts communales . . . . . | 2,880 — |
| Dans les forêts des particuliers . . . | 10,200 — |
| Total. . . . . . . | 14,900 hectares. |

Les deux articles dont il se compose sont restés depuis plus de onze ans à l'état de lettre morte ; les administrations compétentes, quoique animées des meilleures intentions, ont vu leurs efforts paralysés par le texte même de la loi et, après bien des essais infructueux, elles ont dû renoncer à les appliquer. Les 600,000 francs accordés pour le réseau des routes de protection forestière sont donc restés sans emploi dans les caisses d'Etat et il ne sera pas ouvert *un seul mètre* de chemin public dans nos bois tant que cette partie de la loi ne sera profondément modifiée. Pour arriver à ce résultat nous avons dû rechercher les principales causes d'un *statu quo* aussi préjudiciable aux intérêts de l'Etat qu'à ceux de notre région, nous allons les passer successivement en revue.

L'article 10 accorde bien une subvention de 600,000 francs au réseau projeté dans les Maures et dans l'Estérel, mais il l'affecte au paiement de la moitié des travaux, l'autre moitié devant être fournie par les départements et les communes.

L'enquête de 1869 nous avait placés, dès le début, sur un terrain beaucoup plus favorable, et le langage si bienveillant de son rapporteur était, il faut bien l'avouer, de nature à nous donner l'espérance de voir notre littoral méditerranéen obtenir les mêmes faveurs que les sauvages maquis de la Corse ou que les landes incultes de la Gascogne. Etait-il possible, en effet, de mettre en doute le résultat final en lisant la partie suivante du remarquable rapport de M. Faré, qui traite la question de nos routes forestières ?

**Enquête sur les incendies de la région des Maures et de l'Estérel.** (Page 15.)

*Viabilité. — Son influence sur les travaux de préservation et de mise en valeur.*

« Si, des causes des incendies, nous passons aux moyens qu'on a proposés pour y porter remède, le rôle de la viabilité a été parfaitement caractérisé par les déposants, et il n'y a pas à se méprendre sur l'influence prépondérante exercée par les routes dans une région à peu près neuve. Il ne faut pas oublier, en effet, que l'exploitation du chêne-liège, pour ses produits subéreux, remonte à 30 ans environ, et qu'avant cette époque, les forêts des Maures et de l'Estérel formaient une zone déserte à peine explorée, dans laquelle la propriété n'avait pas de valeur appréciable. On cite, à ce propos, des immeubles dont la valeur a été décuplée en quelques années, par suite de la culture du liége et de l'ouverture des voies de transport.

« L'attention a été également appelée par plusieurs déposants sur la dépréciation dont les produits ligneux sont frappés dans les massifs reculés. Ainsi, tel arbre qui serait acheté 20 francs, à proximité d'une route, ne trouve pas preneur à raison de 50 centimes si les transports s'effectuent à dos de mulet. D'autre part, en tenant compte des frais de circulation sur essieu, eu égard à l'unité marchande et au nombre de kilomètres parcourus, on a pu apprécier le rayon au-delà duquel les matières ligneuses propres aux constructions, au chauffage et à divers usages industriels, cessent de donner des produits rémunérateurs.

« Ces conditions posées, il est certain que la mise en valeur de ces bois nécessite l'ouverture de voies de transport destinées à relier les lieux de production aux centres de consommation. Indépendamment de l'économie résultant de l'amélioration introduite dans la viabilité, il y a lieu de tenir compte de l'insuffisance de la population locale pour pourvoir aux travaux forestiers.

« Cette insuffisance tient en grande partie au défaut de voies de communication, et on conçoit *à priori* que la cherté des transports affectant également les produits extraits des forêts et ceux qui sont consommés par les habitants, ceux-ci se trouvent dans des conditions plus précaires dans l'intérieur du massif des Maures qu'à proximité des centres de production.

« *La création d'un réseau suffisant de routes, destiné à desservir les forêts, est donc considéré avec raison comme l'élément le plus sérieux de mise en valeur*, et certainement on peut admettre, sans sortir des limites d'une appréciation très-modérée, que le prix de ces bois aurait du moins doublé, si la viabilité était en rapport avec les besoins. *Et pourtant une pareille transformation économique ne représente pas l'avantage le plus important que l'on doit attendre des routes.* On sait, en effet, que les morts-bois en sous-étage, dans les peuplements composés de végétaux utiles, constituent par eux-mêmes la cause permanente des incendies; or, ces morts-bois n'ont aucune valeur vénale sur place. Non-seulement on ne trouve pas à les concéder à charge d'extraction, mais encore des propriétaires qui réalisent des améliorations intelligentes ont fait connaître que, dans bien des cas, les menus produits une fois arrachés, ne trouvent pas preneur à titre gratuit. Ces conditions sont en réalité exceptionnelles, si on les compare à celles dans lesquelles se trouvent placées les autres forêts de la France. Elles expliquent la situation actuelle de cette contrée du Var, si riche par ses produits, si déshéritée, eu égard aux obstacles opposés pour leur écoulement, et l'on comprendra pourquoi 72,000 hectares sont exposés aux dangers des incendies, faute d'avoir été l'objet de travaux de nettoiement. Bien que ces travaux soient essentiellement productifs, comme les avantages à en retirer se présentent à une assez longue échéance, certains propriétaires ne se soucient pas d'engager des capitaux dans une pareille opération, qui n'est pas sans danger, à cause de la propagation possible du feu, tant que les travaux n'ont pas embrassé tout un bassin; d'autres n'ont pas des ressources suffisantes, de sorte qu'un très petit nombre se trouve en mesure de faire face aux exigences du présent.

« Les inconvénients de l'état actuel des choses sont rendus encore plus palpables par la comparaison des modifications qui se produisent dans le voisinage des routes. Aux abords des voies de transport, les nettoiements s'effectuent sans efforts et les propriétaires s'y trouvent suffisamment sollicités par la valeur attribuée aux menus produits; ils créent ainsi une zone qui a pour axe la route, plus ou moins profonde, suivant les facilités locales, et s'arrêtent au point où l'éloignement des moyens de transport rend l'opération par trop onéreuse.

« Actuellement (1), la viabilité utile aux forêts des Maures et de l'Estérel comprend 1,265 kilomètres 800 mètres ainsi répartis :

Voies de fer. . . . . 102 k. 800
Routes nationales . . . 153   000
— départementales. . 163   000
— vicinales. . . . 847   000

(1) Nous ne pouvons nous empêcher de faire remarquer que la bonne moitié au moins des 1,265 kilomètres considérés par M. Faré comme nous étant utiles, ne peuvent nous servir que dans des circonstances exceptionnelles; il en serait autrement si un réseau forestier venait embrancher sur les voies signalées dans la statistique de M. le Directeur général des forêts.

« Un pareil réseau paraît de beaucoup insuffisant, en ce qui concerne notamment les chemins vicinaux. Une étude approfondie pourrait seule permettre d'apprécier le développement que devrait comporter le réseau complémentaire ; mais on doit admettre avec les déposants qu'il y a beaucoup à faire.

« Il suffira de mentionner ici que dans certains grands bassins forestiers, le massif d'Orléans, par exemple, les exploitations sont desservies par 1,000 kilomètres de routes pour une superficie de 30,000 hectares environ.

« Les intéressés sont unanimes à ce sujet, et ils reconnaissent ainsi que les ressources départementales et communales, affectées à l'exécution des chemins vicinaux, ne sont pas en rapport avec les besoins. *A ce propos, l'opinion a été émise qu'il y aurait opportunité, en raison des besoins spéciaux de la contrée, à faire face aux travaux indispensables par des moyens exceptionnels. Les dispositions législatives relatives aux routes forestières de la Corse, aux routes des landes de la Gascogne, ont été signalées comme des précédents à invoquer en faveur du Var, et on s'est demandé s'il n'y aurait pas lieu de recourir à des moyens analogues.* »

Enfin, dans les conclusions de son rapport à M. le Ministre des Finances, M. Faré signale, au premier rang des mesures à prendre, l'ouverture d'un réseau forestier.

« ENQUÊTE page 37. — La seconde série des mesures recommandées par l'Enquête affecte des intérêts publics, comporte l'intervention du législateur et appelle ainsi toute l'attention du Gouvernement.

« Elle consiste exclusivement :

*Dans l'établissement d'un réseau spécial de routes, destinées à procurer la sécurité d'abord, la mise en valeur ensuite de la région du feu, etc., etc.*

Il est impossible de lire ces conclusions de l'enquête sans

être frappé par les passages dans lesquels le rapporteur laisse percer son opinion tout en l'exprimant avec une réserve administrative ; il ne se range pas, il est vrai, très-énergiquement du côté de l'idée de nous voir assimiler à la Corse ou aux Landes, mais il a bien soin de ne pas proposer une autre décision.

Et pouvait-il en être autrement ! M. le Directeur général des forêts connaissait trop bien nos besoins, il était encore trop ému par nos plaintes si légitimes, et par le spectacle de nos désastres, pour avoir l'idée d'une combinaison dont le moindre défaut consistait à ne pas être applicable immédiatement ; il est des solutions qui s'imposent presque fatalement, et M. Faré, après avoir vu par lui-même, se souvenait certainement de nos paroles : *pendant que l'on discute, nous brûlons.*

Comment et pourquoi notre cause, pourtant si juste et si bien défendue, a-t-elle été perdue ? Comment tant d'efforts n'ont-ils abouti qu'à obtenir une subvention conditionnelle de 600,000 francs, alors que des millions étaient largement accordés ailleurs ? C'est là un mystère dont il faudrait peut-être chercher l'explication dans les continuels mal-entendus qui ont existé entre nos populations et les gouvernements antérieurs : l'opposition n'est pas le moyen d'appeler les faveurs gouvernementales, — notre région en a fait plus que d'une fois la triste expérience.

A qui la faute pourtant ? il eut probablement suffi, dès le début, de quelques mesures bienveillantes de la part de l'autorité, pour ramener les opposants, tandis que des mesures peu équitables ou l'oubli les ont graduellement transformés en irréconciliables ennemis ; en général, les gouvernements ne doivent point oublier que leurs fautes sont soigneusement exploitées par leurs adversaires et qu'il est toujours sage, juste autant que politique, de rchercher les causes du mécontentement des populations et de tâcher de leur faire oublier leurs griefs, au lieu de les accroître par d'intempestives sévérités.

Nous voulons bien admettre cependant, que ces considérations n'aient pas influencé les décisions des administrateurs impériaux et qu'en 1869 il ait pu paraître équitable au Conseil d'Etat chargé de présenter une nouvelle loi, de subordonner le chiffre de la subvention gouvernementale à l'effort demandé aux principaux intéressés ; à cette époque de pleine prospérité agricole, ces derniers auraient pu, sans trop de difficultés, prélever sur leurs revenus la somme relativement élevée représentant leur quote-part ; on ne pouvait prévoir alors avec quelle rapidité cette contrée si riche et si prospère serait ruinée par le phylloxera ; il était en outre permis d'espérer que l'on arriverait graduellement à éclairer sur leurs véritables intérêts, des populations dont la masse est en général si peu disposée à voter des dépenses dont les résultats ne doivent et ne peuvent pas être immédiats.

Deux ans plus tard, l'insecte dévastateur multipliant ses attaques, anéantissait la principale branche de nos revenus, et il n'était plus permis de conserver des illusions sur l'avenir de notre situation économique ; il n'y a donc pas lieu de s'étonner si depuis, les conseils généraux et les conseils municipaux ont constamment refusé de concourir pécuniairement à la confection du réseau forestier, et il serait souverainement injuste de leur imposer d'office un aussi grand sacrifice, alors que leurs ressources actuelles sont à peine suffisantes pour achever ou même pour entretenir les chemins ordinaires.

Quant aux propriétaires, ils sont en général animés des meilleures intentions, ils contribueront volontiers à l'œuvre commune en abandonnant gratuitement le sol des routes forestières, et il est même permis d'espérer que certains d'entre eux ne borneront pas là leur libéralité. De ce côté, on pourrait obtenir les meilleurs résultats, en n'arrêtant définitivement le tracé qu'après avoir procédé à une enquête préparatoire dans chaque commune traversée, et après qu'une commission siégeant au chef-lieu du canton, aurait recueilli, avec les observations des intéressés, leurs offres de donation des terrains ou de subvention pécuniaire.

L'article XI du titre IV est venu lui aussi compliquer la situation en appliquant les dispositions des lois et règlements relatifs aux chemins vicinaux d'intérêt commun, au réseau des routes mentionnées à l'article précédent. Cette assimilation impliquant d'office l'intervention de l'administration des Ponts et Chaussées, et donnant aux nouveaux chemins le titre de réseau de communication, s'écarte complétement de l'esprit et de la lettre de l'*Enquête* qui demandait formellement, la création de chemins *spéciaux* destinés à la protection et à la mise en valeur des forêts. — (*Enquête* page 37.)

Nous ne voulons pas dire que de nouvelles voies de communications ne sont pas nécessaires, mais il n'était vraiment pas besoin de déranger tant de monde pour constater leur absence à peu près absolue ; un simple coup d'œil jeté sur la carte de l'état-major y suffisait amplement.

Il peut paraître extraordinaire aux personnes peu au courant de la construction des routes, de nous voir tant insister sur un article à première vue si inoffensif ; — elles changeront probablement d'opinion en constatant avec nous les différences essentielles qui existent entre un réseau d'exploitation et un réseau de communication devant traverser un pays aussi accidenté que le nôtre.

Le chemin de communication, son nom l'indique, doit permettre à ceux qui le parcourent, de se rendre le plus rapidement d'un point à un autre. Il y a tout intérêt à l'établir sur les surfaces horizontales des plateaux supérieurs, tandis que le chemin d'exploitation forestière doit forcément serpenter dans les vallées pour recueillir les lourds produits de la forêt. Tous les gens compétents que nous avons consultés sur cette question ont émis la même opinion; et comment ne pas leur donner raison ; ne serait-il pas insensé de vouloir faire remonter à ces produits si pesants, si volumineux et si encombrants les pentes qui se rencontrent à chaque instant dans les massifs granitiques des Maures et de l'Estérel, alors qu'il est si facile de les faire rouler jusque dans les vallées.

Mais ces différences dans la situation des deux voies ne constituent pas la seule difficulté qui découle de la rédaction de l'article XI, et le législateur ne s'est probablement pas bien rendu compte des conséquences de sa décision au point de vue du prix des travaux à exécuter.

Nous avons deux cents kilomètres de chemins à ouvrir avec 1,200,000 francs ; c'est plus qu'il ne faut pour des chemins forestiers, mais c'est bien insuffisant pour des chemins de communication construits sur un type invariable fixant d'une manière générale leur largeur, leur pente, leur chargement, la nature des travaux d'art, la qualité des matériaux, etc., etc., toutes choses qu'il est impossible d'exécuter au prix de six francs le mètre courant; elles reviennent à plus de dix francs partout ailleurs, sans tenir compte du prix d'achat des terrains ; c'est donc au moins cette somme qu'elles coûteront dans les Maures. Et quand les 1,200,000 francs seront dépensés, avec quels fonds achèvera-t-on le travail?

Il est donc nécessaire, si l'on veut faire une œuvre réellement utile aux massifs traversés, de modifier la rédaction de l'article XI, dans le sens des conclusions formulées en 1869 par le commissaire-enquêteur, et de remplacer les chemins dits de communication par un réseau essentiellement forestier, dont le tracé, l'exécution et l'entretien devront, en raison de leur spécialisation, être confiés aux soins de l'Administration des forêts.

Nous avons expliqué pourquoi depuis plus de onze ans, cette partie de la loi d'exception qui nous régit, n'a pu recevoir un commencement d'exécution ; voyons maintenant ce qui serait arrivé si, dès le début, on s'était contenté d'un simple réseau de chemins forestiers, exécutés par l'Etat seul, au moyen des 600,000 francs accordés par la loi de 1870.

L'Administration des forêts, dont les agents connaissent le pays et sont quotidiennement en contact avec ses habitants, aurait pu provoquer l'abandon gratuit du sol de la route ; il suffisait pour cela de ne pas arrêter de tracé officiel et de laisser habilement entrer en concurrence les intérêts des propriétaires ; dans ces conditions là, ils auraient tous demandé à être traversés, et l'on n'eût eu que l'embarras du choix. Après avoir ainsi acquis, peut-être sans bourse délier, tout le terrain sur une largeur uniforme de six mètres, on n'aurait ouvert qu'une modeste voie de deux à trois mètres, en ayant le soin de ménager des gares de distance en distance ; les coûteux travaux d'art auraient attendu des jours meilleurs, on n'aurait fait que l'indispensable, l'œuvre aurait été incomplète assurément, mais la voie aurait été ouverte ; elle aurait permis aux propriétaires riverains de mieux tirer parti de leurs produits et de vendre dans de bonnes conditions, ces morts-bois qu'ils doivent actuellement brûler sur place, et qui sont les principaux agents de transmission des incendies ; chaque côté de la route se serait ainsi rapidement doublé d'une tranchée garde-feu en attendant le défrichement du reste de l'héritage.

Nous croyons être au-dessous de la vérité en affirmant que les terrains ainsi traversés auraient au moins doublé de valeur, et toute cette région serait à cette heure en pleine prospérité tandis qu'elle a perdu plutôt que gagné pendant la même période.

Telle serait la situation générale, mais ce n'est pas tout, car sur certaines portions du nouveau réseau auraient certainement surgi de nouvelles et importantes exploitations; des besoins nouveaux de communication se feraient sentir, et c'est en ce moment que pourraient commencer l'intervention des départements et des communes; aucun des Conseils élus ne refuserait alors de voter des subventions rendues légitimes par la perspective des résultats immédiats; ils y seraient au besoin forcés par la pression de l'opinion publique, toujours souveraine en pareille matière.

Voilà ce qu'on aurait pu faire avec les 600,000 francs de l'Etat; le réseau forestier ne doit pas avoir plus de 200 kilomètres, et l'Administration des forêts nous a prouvé par les beaux travaux exécutés dans la forêt domaniale du Dom de Bormes que l'on peut construire de très-convenables chemins forestiers pour la modique somme de deux francs le mètre courant.

Mieux que tout autre, cette administration est donc apte à mener à bonne fin cette œuvre d'un si grand intérêt général, mieux que tout autre, nous ne saurions trop le répéter, elle est capable d'exécuter ces travaux dans le sens le plus pratique, et cela parce qu'elle est elle-même propriétaire de forêts dans la région, parce que ses agents connaissent parfaitement tous les bois ainsi que leurs propriétaires, parce qu'enfin elle a, depuis 1870, prêché d'exemple en exécutant, à très-bon marché des chemins, qui assurent à à la fois la protection et l'exploitation des domaines de l'Etat.

L'Administration des forêts pourra-t-elle accepter cette ingrate et très-laborieuse mission? Son dévouement au-dessus de tout éloge à la chose publique, dévouement dont elle a donné tant de preuves, ne nous permet pas de mettre en doute sa bonne volonté ; reste la question du personnel à distraire pour quelques années de ses travaux ordinaires ; ce corps d'élite est en effet assez peu nombreux pour nous faire concevoir quelques craintes de ce côté, cependant il nous est permis d'espérer qu'il pourra détacher quelques-uns de ses membres et les envoyer dans les Maures ; ne l'avons-nous pas vu naguère mettre un de ses plus intelligents gardes généraux à la disposition du Gouvernement anglais qui lui a confié la direction du service des forêts dans l'île de Chypre ?

En résumé, l'article X doit être modifié parce qu'il paralyse les bonnes intentions du Gouvernement, et qu'il exige des contribuables, une dépense inutile pour le moment ; l'article XI, parce qu'il édifie un réseau de communication au lieu de viser spécialement la protection et l'exploitation des forêts.

Au mois de juillet dernier, la Chambre des députés nous a donné une première preuve de sa sollicitude en adoptant les conclusions de M. Bouteille, des Basses-Alpes, et en renvoyant avec avis favorable au ministère de l'Agriculture et du Commerce, la pétition que nous lui avons adressée.

En procédant ainsi, la Chambre a voulu, tout en indiquant ses intentions bienveillantes, demander l'avis du Gouvernement sur cette question, et c'est sur les propositions du Ministère compétent que s'engagera, devant vous, la discussion de nos intérêts les plus chers ; la détermination que vous prendrez décidera de notre avenir ; nous devons donc vous démontrer que l'Etat doit supporter seul la charge de l'ouverture du premier réseau, et qu'il est en outre de son intérêt d'agir ainsi.

*L'Etat doit-il prendre exclusivement à sa charge les dépenses d'un premier établissement des voies forestières ?*

———

Il est profondément regrettable que la voie indiquée par l'honorable rapporteur de l'Enquête, n'ait pas été suivie, et que le gouvernement impérial n'ait pas cru devoir mettre, dès le début, toutes les dépenses à la charge de l'Etat, en appliquant aux chemins forestiers des Maures, le principe posé par les régimes antérieurs et par lui-même, au sujet des routes forestières de la Corse et des routes agricoles des landes de la Gascogne.

Depuis 1869, notre situation, au point de vue de routes, n'a point changé: le nombre de kilomètres de voies publiques utilisables par les propriétaires de forêts est resté, à peu de choses près, le même ; 1,265 kilomètres pour 111,000 hectares, soit un kilomètre et une fraction pour 100 hectares ! Cela serait déjà bien insuffisant, en admettant une égale répartition des voies sur toute la surface de ce territoire, mais il n'en est malheureusement pas ainsi, et l'examen de la carte routière du département du Var nous permet de constater que sur 1295 kilomètres de voies existantes, les plus larges, les mieux entretenues par suite de leur classement, ne desservent, en réalité que les versants Nord des montagnes qui bordent la grande et fertile vallée s'étendant depuis Toulon jusqu'à Saint-Raphaël.

La voie ferrée suit le même tracé que la route nationale n° 97, et c'est à peine si elle est reliée aux Maures par quelques tronçons de chemins de grande communication.

Toute la partie du massif qui regarde la mer, c'est-à-dire

la région forestière proprement dite, semble complètement abandonnée, et la route nationale n° 98 de Toulon à Fréjus elle-même, s'arrête brusquement à Cogolin ! Elle est donc encore à l'état de lacune de Cogolin à Fréjus, et cela depuis bien des années, ce qui prouve que les chemins forestiers ne sont pas les seuls à attendre.

Cette situation anormale deviendra plus choquante encore après l'exécution, sur le littoral, du chemin de fer projeté entre Hyères et Fréjus. Le jour où il sera livré au public, on s'apercevra un peu tard, que les moyens d'accès manquent de tous les côtés. Ne serait-il pas logique de mettre, dès à présent, les populations dont les territoires doivent être traversés par la voie ferrée, à même d'en profiter en construisant d'avance des voies d'exploitation et de communication ?

Pourquoi, du reste, exclure la région des Maures du droit de commun, en laissant inachevée la route nationale n° 98, et ne pas faire pour nous ce qu'on a jadis si bien fait pour la Corse et les Landes ?

On invoque souvent ces heureux précédents, sans pouvoir se rendre bien compte, faute de documents officiels, des sacrifices que l'Etat s'est imposé au profit de ces deux départements ; aussi, avons-nous cru devoir rechercher les dispositions législatives qui ont été prises sous les gouvernements antérieurs pour édifier les deux réseaux extraordinaires des Landes et de la Corse.

Voici le résumé de nos recherches ; il servira très-certainement à fixer vos convictions sur la légitimité de nos réclamations.

Les routes agricoles des Landes de la Gascogne ont été faites par suite de l'application de la loi du 19 juin 1857, sur *l'assainissement* et *la mise en valeur des landes communales dans les départements des Landes et de la Gironde.*

Voici les deux principaux articles de cette loi :

Article 6. — Des routes agricoles destinées à desservir les terrains qui font l'objet de la présente loi, seront exécutées aux frais du trésor public : le réseau de ces routes sera déterminé par décret rendu en Conseil d'Etat.

Article 8. — L'entretien de ces routes restera pendant cinq ans à partir de leur exécution, à la charge de l'Etat et ultérieurement à la charge soit du département, soit des communes, suivant le classement qui en aura été fait, en routes départementales ou en chemins vicinaux de grande communication.

L'Etat, dans cette circonstance, a-t-il exigé le concours des départements et des communes ? Bien certainement non. Il est au contraire venu directement au secours d'une contrée dont les terrains improductifs étaient, comme les nôtres dévastés par les incendies (voir l'exposé des motifs de la loi), il a construit le réseau, il l'a entretenu pendant plusieurs années à ses frais, et il a sagement attendu que son œuvre ait produit des résultats, avant de la mettre à la charge des intéressés ; nous n'en demanderions assurément pas davantage.

Quant à la Corse dont la situation forestière n'était pas sans présenter la plus grande analogie avec celle des côtes Est de la Provence, nous la trouvons depuis longtemps l'objet de la sollicitude gouvernementale.

Une première loi la concernant, a été promulguée le 25 mai 1836, elle est ainsi conçue :

Article unique : Les routes d'Ajaccio à Bastia, de Bastia à Saint-Florent, de Sagone à la forêt d'Aitone, d'Ajaccio à Bonifaccio par Sartène et de Calvi à Corte par Ponte-alla-Leccia, sont déclarées routes royales.

Elles seront inscrites au tableau des routes royales sous les numéros 193, 194, 195, 196 et 197.

A la même date du 25 mai 1836, nous trouvons une seconde loi qui est ainsi libellée :

» Il est ouvert au ministère du commerce et des travaux publics deux crédits, l'un des trois millions sur l'exercice de 1836, et l'autre de cinq millions, à inscrire au budget de 1837, pour la continuation des travaux des lacunes des routes royales.

Le Gouvernement transformait donc les chemins de la Corse en routes royales, et le même jour, il ouvrait au Ministre des travaux publics un crédit de huit millions à dépenser en deux ans, pour opérer cette transformation.

L'analogie ne peut pas être plus complète ; comme dans le Var il s'agissait de faire pénétrer l'air, la lumière et la civilisation dans des maquis jusqu'alors inexplorés et inexploités ; comme dans le Var en 1881 il existait encore en Corse en 1836 des routes du premier réseau à l'état de lacune.

Mais là ne devaient pas s'arrêter les faveurs du Gouvernement, car en 1852 — 28 mars-avril 1852 — parut un décret instituant au budget, à partir de l'exercice 1873, un crédit spécial destiné à relier les forêts domaniales de la Corse aux lieux de consommation et aux ports d'embarquement. Les forêts domaniales de la Corse, comme plus tard les landes de la Gascogne, devenaient ainsi le point de départ et l'heureux prétexte de travaux extraordinaires ; les habitants des Maures sont loin de s'en plaindre, mais on ne peut leur savoir mauvais gré, s'ils expriment le regret de n'avoir point été traités sur le même pied que leurs compatriotes.

Le réseau forestier de la Corse, institué par le décret du 28 mars-avril 1852, fut commencé dès l'année suivante ; il devait avoir un développement de 501 kilomètres, et il avait été doté d'un crédit de 5,800,000 francs.

En 1860, 366 kilomètres 900 mètres, étaient déjà livrés

à la circulation ; la dépense totale s'y rapportant, s'élevait à 4,098,000 francs; elle avait été répartie de la manière suivante à dater de l'année 1853.

| Années. | Sommes dépensées. | Provenance des crédits. |
|---|---|---|
| 1853 | 400,000 fr. | Prélevés sur les crédits spéciaux affectés aux routes impériales de la Corse. |
| 1854 | 98,000 fr. | |
| 1854 | 600,000 fr. | Prélevés sur les crédits spéciaux affectés aux routes forestières de la Corse. |
| 1855 | 500,000 fr. | |
| 1856 | 500,000 fr. | |
| 1857 | 500,000 fr. | |
| 1858 | 500,000 fr. | |
| 1859 | 500,000 fr. | |
| 1860 | 500,000 fr. | |
| Total........ | 4,098,000 fr. | |

Depuis le 31 décembre 1860, la longueur des routes forestières ouvertes dans le département de la Corse s'est accrue de 108 kilomètres ; les dépenses qui en sont résultées se sont élevées au chiffre de 2,800,000 fr.

Dès le commencement des travaux, ce réseau forestier, qui a été construit par les soins de l'Administration des ponts et chaussées, a été assimilé aux routes nationales, et il a été entretenu aux frais de l'Etat, au moyen de crédits inscrits toutes les années au budget supplémentaire du ministère des travaux publics sous le titre : Entretien des routes forestières de la Corse. De 1860 à 1881 ce crédit s'est élevé à une moyenne annuelle de 150,000 francs.

A partir de 1881, tous ces crédits supplémentaires vont disparaître, l'Administration s'étant décidée à classer les routes forestières de la Corse dans le réseau général des routes nationales.

En résumé, l'Etat a ouvert dans le département de la Corse depuis 1853, 475 kilomètres de chemins forestiers ; il a dépensé 6,898,000 francs à les construire, et, depuis

1860 seulement, plus de trois millions de francs à les entretenir. La dépense totale s'élève donc à plus de dix millions de francs, sans tenir compte des sommes qui ont dû être dépensées antérieurement par suite de l'exécution des travaux prescrits par la loi du 25 mai 1836.

Nous venons de voir quels sacrifices pécuniaires les gouvernements antérieurs ont fait pour d'autres parties du territoire; qu'a-t-on fait pour notre région? Rien, absolument rien ! Elle aurait pourtant droit à plus d'égards ; au point de vue de la justice distributive, il semblerait équitable de mieux traiter à l'avenir ces contribuables provençaux, qui, depuis des siècles, paient leurs impôts, sans avoir jamais rien reçu en compensation, et nous espérons que le Gouvernement de la République saura réparer dans de justes limites les fautes ou les oublis du passé.

Accorder une égale protection à tous ses administrés, réparer les erreurs involontaires ou calculées, ne constitue pas, du reste, le seul rôle que l'Etat ait à jouer ; sa mission est, selon nous plus complexe, il a quelque chose de mieux à faire que de panser tant bien que mal les plaies du présent, et il doit surtout prévoir l'avenir ; attendra-t-il que la ruine du pays soit complète, sans essayer de préserver ce qui reste encore de ces richesses forestières signalées dans les circulaires de Colbert ?

La constitution géologique de notre important massif granitique, l'a seul préservé jusqu'à ce jour de la complète dénudation qui nécessite en ce moment le reboisement des versants rocailleux des Alpes nos voisines. Nous savons tous combien il en coûte pour reboiser ces pentes ravinées par les eaux pluviales; au besoin les ingénieurs chargés de ce service pourraient nous dire quelles difficultés ils rencontrent dans l'exécution de ces travaux qu'ils dirigent avec tant d'intelligence, et à quels dangers sont exposés leurs jeunes semis.

Le déboisement des Alpes a produit l'abandon du sol par des populations fatiguées d'une lutte sans trêve ni merci contre les éléments. Qu'on y prenne bien garde, le même mouvement d'émigration commence dans les Maures, et bientôt, nous ne saurions trop le répéter, il sera trop tard pour l'arrêter.

En dehors de ce rôle de protecteur naturel, l'Etat ne doit-il pas ouvrir les yeux des populations sur leurs véritables intérêts, lorsqu'elles persistent à les méconnaître, et les initier par des exemples aux bienfaits de la civilisation ?

On s'étonnera, peut-être de nous voir émettre une appréciation aussi accentuée sur nos compatriotes, dont l'intelligence est en général si vive et si développée, elle ne s'applique heureusement pas à la généralité, mais il est un fait bien grave qui nous a été signalé par l'étude comparative de résultats obtenus dans les différentes communes des Maures, par notre Pétition ; il vient tellement à l'appui de la thèse que nous soutenions plus haut, que loin de le passer sous silence nous croyons devoir le signaler tout particulièrement à votre impartiale attention.

Nous pensions, au début de ce mouvement dont nous avons pris la direction, que notre pétition au sujet des chemins forestiers rencontrerait un accueil beaucoup plus favorable dans le versant sud des Maures que dans le versant nord ; à notre grand étonnement c'est le contraire qui s'est produit. La région dans laquelle la route nationale n° 98 est encore à l'état de lacune, les Communes qui sont à la veille de voir leur territoire traversé par un chemin de fer sans être pourvues des moyens de transporter en gare leurs produits, ont répondu mollement ou même n'ont pas répondu du tout aux appels pressants et réitérés du Comité d'initiative, tandis que les localités déjà pourvues d'un réseau de routes presque suffisant, celles qui sont desservies depuis plusieurs années par une importante voie ferrée, ont en général adopté nos idées avec enthousiasme, et nous ont envoyé un nombre imposant de signatures. Tant il est vrai que plus on a de routes à sa disposition et plus on est capable d'en apprécier les bienfaits !

Nous espérons avoir démontré, combien l'exécution de nos chemins forestiers par l'Etat seul, est une œuvre de justice, combien elle est indispensable à la préservation ainsi qu'à la mise en valeur de ce massif granitique ; il nous reste à prouver que la dépense qu'elle entraînera pour le budget n'est qu'une avance destinée à rentrer rapidement dans les caisses publiques.

Nous ne pouvons savoir ce qui s'est passé en Corse et en Gascogne, à la suite des travaux exécutés par l'Etat, et le Gouvernement seul pourrait nous dire, si les sommes considérables dépensées dans ces régions ont produit de sérieuses compensations budgétaires ; mais nous pouvons affirmer que, soit dans le Var, soit dans les parties granitiques des Alpes-Maritimes, les forêts desservies par des chemins publics, valent le double et le triple, pour ne pas dire plus, de celles qui se trouvent éloignées des voies de communication ; tous les notaires, tous les agents d'affaires dont nous avons demandé l'opinion, nous en ont donné la plus formelle assurance, et on pourrait, au besoin, en avoir la preuve officielle, en consultant les registres des receveurs de l'Enregistrement.

Du reste, l'enquête de 1879 ne nous a-t-elle pas révélé ce fait bien caractéristique que dans les Maures, à peine à quelques lieues de la route nationale ou de la voie ferrée, des arbres valant plus de 20 francs, trouvaient difficilement acheteurs à 0 fr. 50 ; que dans beaucoup de localités on était obligé de transporter les produits subéreux sur les épaules des hommes ou à dos de mulet ! Quelle valeur peut avoir la propriété dans de pareilles conditions, même en admettant qu'elle ait été respectée par les incendies ?

Voilà donc une première cause d'accroissement des revenus de l'Etat ; si les propriétés augmentent de valeur dans la proportion de 1 à 3, les droits perçus par suite des mutations, seront forcément plus élevés.

Nous trouverons une source de revenus tout aussi certaine que la précédente, dans le morcellement produit par le passage des nouvelles voies dans les massifs forestiers. On a prétendu, bien à tort, que la propriété est peu divisée dans les Maures, les matrices cadastrales prouvent le contraire ; il existe pourtant encore, dans les cantons dépourvus de voies publiques, un certain nombre de propriétés que leur isolement et leur peu de valeur relative, ont préservées jusqu'ici du morcellement ; c'est ce morcellement qu'il faut provoquer par l'établissement des voies forestières, toute propriété traversée par un chemin public étant fatalement destinée à être fractionnée. Cela résulte quelquefois naturellement du tracé lui-même de la route qui détache des parcelles du tout primitif, et surtout de la facilité donnée au public, de bien se rendre compte de ses besoins et de jeter son dévolu sur telle ou telle parcelle. Ce résultat a été obtenu depuis longtemps tout le long des anciennes routes; elles sont bordées de moyennes et petites propriétés qui ont été taillées dans de plus grands domaines. Ces propriétés, l'enquête de 1869 l'a prouvé, sont très-bien tenues, parfaitement aménagées, elles sont en outre complètement à l'abri des incendies, et, pour ces différents motifs elles ont une valeur relativement considérable, tandis que certaines grandes terres situées bien loin des voies de communication, continuent à être une lourde charge pour leurs propriétaires.

Augmentation certaine dans le nombre et dans l'importance des transactions sur la propriété forestière, telle est la seconde cause d'accroissement des revenus de l'Etat.

Il en est une troisième qui ne peut manquer d'être provoquée dans tous les versants sud des Maures par l'établissement des chemins d'exploitation ; c'est le défrichement des forêts et leur transformation en terrains destinés à la culture de la vigne, des céréales, et surtout à celles des légumes d'hiver. Cette dernière culture exige, il est vrai, des travaux fort pénibles, le sol vierge de la forêt doit être profondément retourné en plein été sous les rayons d'un soleil de feu, mais en revanche avec quelle étonnante vigueur voit-on, dès les premières pluies de l'automne, pousser comme par enchantement tous ces artichauts, ces petits pois et ces pommes de terre dont la récolte en plein mois de janvier récompensera largement le travailleur de ses peines et de ses sueurs ! On peut admirer un exemple de cette transformation sur le littoral qui s'étend d'Hyères à Carqueiranne ; il y a quelques années à peine, cette partie de la côte était encore recouverte de pins rabougris, bons tout au plus à alimenter des fours à chaux, elle a été morcelée des deux côtés de la route par un intelligent propriétaire, et elle est recouverte aujourd'hui de légumes et de fleurs.

Les terrains achetés primitivement deux ou trois mille francs l'hectare, ont été payés avec le produit de quelques récoltes et ils se vendent en ce moment sur le pied de vingt-cinq à trente mille francs, c'est-à-dire au même prix que les meilleurs jardins maraîchers.

Le même sort attend tous ces magnifiques versants méridionaux de la chaîne des Maures, leur exposition privilégiée semble les avoir tout spécialement destinés à la culture des légumes d'hiver, mais il faut pour cela les rendre plus facilement abordables.

Que l'Etat n'hésite donc plus à prendre l'initiative de

l'ouverture des nouvelles voies ; il rentrera rapidement dans ses avances et il fera la fortune de toute une nombreuse colonie de petits propriétaires se livrant à la culture des primeurs ; il est bon de lui rappeler, du reste, qu'en favorisant le plus possible la production indigène de cette branche importante de l'alimentation publique, il diminuera d'autant le tribut annuel s'élevant à plusieurs millions que nous payons, de ce chef, à l'Espagne.

Ces bénéfices et ces avantages, pourraient à eux seuls motiver l'intervention directe de l'Etat, mais il est une source de revenus plus grande encore, que nous devons signaler dans l'énumération des conséquences directes des défrichements forestiers sur notre littoral ; c'est la transformation de toute cette zone en terrains destinés à recevoir les constructions de luxe, châteaux et villas qui, sur tout le reste de cette côte méditerranéenne tendent à s'élever peu à peu sur l'emplacement des rustiques demeures des indigènes.

Partout ailleurs, depuis plusieurs années, on ne vend plus les terrains à l'hectare : l'unité de superficie est graduellement descendue au mètre carré, ce qui indique combien les emplacements sont devenus rares et chers. Ne serait-il pas logique de profiter de ce mouvement de plus en plus accentué qui pousse les habitants du Nord vers la chaleur et la lumière en leur ouvrant une étendue de plus de vingt lieues de nos côtes, et de les retenir en France au lieu de leur laisser franchir la frontière italienne ? L'Etat doit savoir combien lui rapportent les transactions dans les stations hivernales, pourquoi n'en provoquerait-il pas l'éclosion sur le sol privilégié de la Provence ?

Nous pensons avoir démontré d'une manière plus que suffisante : 1° Que l'Etat doit ouvrir à ses frais le nouveau réseau forestier des Maures et de l'Estérel ; 2° qu'il est de son intérêt de le faire dans le plus bref délai ; il nous reste à examiner rapidement dans quel sens, selon nous, la loi du 6 juillet 1870 doit doit-être modifiée.

L'article 8 du titre III devrait être complété, en rendant obligatoire l'établissement des tranchées protectrices sur la ligne divisoire des héritages forestiers ; le principe de ces tranchées a bien été reconnu par la loi de 1870, mais l'opportunité de leur ouverture a été malheureusement laissée à l'appréciation des propriétaires, et il faut reconnaître que, bien peu d'entre eux ont usé de leur droit.

La surveillance de l'accomplissement de cette obligation serait exercée, tant pour la confection des tranchées que pour leur entretien, par des gardes-champêtres spécialement chargés du service des forêts des particuliers.

Les Communes devraient entretenir à leurs frais ces gardes spéciaux, par la même raison qu'elles entretiennent les gardes champêtres ordinaires. On a beaucoup trop oublié, jusqu'à ce jour, dans notre région, que les propriétaires des bois font partie de la Communauté au même titre que les détenteurs des champs cultivés, et qu'ils ont les mêmes droits que ces derniers, à une protection effective.

Ces gardes champêtres forestiers seraient chargés de surveiller un certain nombre d'hectares déterminé d'avance par un règlement, ils seraient logés dans les sections boisées, embrigadés militairement et placés le plus possible en dehors de l'action directe des autorités municipales.

Ils pourraient, pendant l'hiver, tenir la main à l'exécution rigoureuse de l'article 8, et pendant l'été, compléter l'action des brigades ambulantes, fournies par les gardes forestiers de l'Etat.

Une pénalité proportionnelle aux délits, devrait assurer l'exécution de l'article 8; on pourrait, par exemple, débuter par un billet d'avertissement sans frais; une seconde contravention ferait comparaître le propriétaire négligent devant le juge de paix du canton, qui prononcerait une légère amende; on pourrait, enfin, faire appliquer par le tribunal de 1re instance, aux propriétaires récalcitrants, les dispositions de l'article 5 de la même loi de 1870.

L'article 9 n'aurait plus alors à s'occuper que de régler la procédure à suivre dans les contestations qui pourraient s'élever entre voisins, au sujet de l'ouverture ou de l'entretien à frais communs, des tranchées de protection.

Le titre IV devrait être profondément modifié, car il est de beaucoup, selon nous, le plus important. Il devrait ordonner l'ouverture au Ministère de l'agriculture, d'un crédit suffisant pour la construction, à bref délai, et l'entretien pendant un certain nombre d'années, d'un réseau de routes *de protection et d'exploitation forestières* dans la région des Maures et de l'Estérel.

Comme pour les routes des Landes, et après une expérience de vingt années, il serait procédé au classement du réseau mentionné ci-dessus, en routes nationales, en routes départementales, en chemins vicinaux de grande communication et en chemins forestiers.

L'Administration des forêts serait chargée d'exécuter ce nouveau réseau, d'y apporter au besoin, les additions ou améliorations reconnues nécessaires après son ouverture, et de l'entretenir pendant tout le temps que durerait la période d'expérience.

On pourrait faciliter son œuvre en instituant, par un règlement d'administration publique dans chaque département, et même dans chaque arrondissement, une Commission chargée du classement des travaux.

Cette Commission composée de . . . . . . . , recevrait les offres des propriétaires qui désireraient être traversés par les chemins forestiers. Sauf pour quelques situations exceptionnelles, la Commission des travaux établirait le principe de l'abandon gratuit du sol de la nouvelle voie sur une largeur de six mètres au minimum, il lui serait, en outre, permis d'accepter les offres d'indemnités pécuniaires qui pourraient lui être adressées par les intéressés : ces diverses sommes seraient versées dans la caisse des travaux et compenseraient peut-être les dépenses provenant des indemnités.

---

Telles sont, MM. les Sénateurs et MM. les Députés, les aspirations des nombreux signataires de la Pétition qui vous a été présentée dans le courant du mois de juillet 1881. M. Bouteille, Député des Basses-Alpes, l'intelligent et dévoué rapporteur de la 28ᵉ Commission des Pétitions à la Chambre des Députés, vous a déjà signalé dans ses conclusions, l'urgence des mesures à prendre pour prévenir des nouveaux désastres. Depuis lors, et en dépit des prescriptions de la loi du 6 juillet 1870, nos forêts continuent à brûler ; l'été seul de 1881 en a vu disparaître plus de 4,000 hectares ; c'est ainsi que s'envole en fumée une notable portion de la fortune publique, et que les terrains de notre littoral méditerranéen se dénudent graduellement, sans pouvoir profiter de la plus-value acquise dans le courant de ces dernières années, par des régions mieux pourvues de voies de communication.

Vous voudrez bien remarquer, Messieurs, que nos idées ont été successivement adoptées par la Société d'Agriculture de Toulon, par le Conseil d'arrondissement de Toulon, par le Conseil général du Var, sur le rapport de l'un de ses membres, M. Manlius Maurel, et que notre Pétition s'est rapidement couverte de près de 6,000 signatures; vous vous trouvez donc bien réellement en présence d'une imposante manifestation de l'opinion publique, dans notre région.

C'est plein de confiance dans votre justice, MM. les Sénateurs, MM. les Députés, qu'après vous avoir retracé dans ce présent Mémoire, la peinture fidèle mais souvent bien atténuée des maux qui nous accablent, nous venons vous demander une prompte et énergique intervention.

De votre décision, veuillez bien ne pas l'oublier, dépendent le salut ou la ruine complète d'une population de près de cent mille habitants.

D<sup>r</sup> E. VIDAL.

CHAMBRE DES DÉPUTÉS

# ANNEXE
# AU FEUILLETON N° 480
## Du Jeudi 28 Juillet 1881

## Vingt-huitième Commission.

### M. BOUTEILLE, rapporteur.

*Pétition n° 3209. (Déposée par* M. Allègre, *député du Var.)*

5629 électeurs des communes d'Hyères, La Garde, La Crau, Pierrefeu et autres (département du Var) demandent la révision du titre IV de la loi du 6 juillet 1870, concernant les mesures à prendre contre les incendies dans la région boisée des Maures et de l'Estérel, et ce, dans le sens des conclusions formulées à ce sujet par le Secrétaire général de la Société forestière des Maures.

*Motifs de la Commission :*

La pétition dont nous venons d'indiquer l'objet est accompagnée d'un remarquable travail de M. le docteur Vidal, secrétaire général de la Société forestière des Maures et de l'Estérel, et secrétaire du Comité d'initiative.

Le travail de M. le docteur Vidal est un exposé complet de la question; il démontre l'urgence des modifications réclamées par les pétitionnaires et de la mise à exécution des mesures propres à arrêter l'anéantissement progressif et fatal d'une richesse considérable publique et privée.

La 28ᵉ Commission des Pétitions propose, en conséquence, de renvoyer à M. le Ministre de l'Agriculture et du Commerce, les pétitions dont elle est saisie et de signaler à son attention l'étude qui les accompagne. (*Renvoi au Ministre de l'Agriculture et du Commerce.*)

www.ingramcontent.com/pod-product-compliance
Lightning Source LLC
Chambersburg PA
CBHW060514050426
42451CB00009B/980